JN129063

【…………心に響く3分間法話…………】

やわらか子ども法話

さくらい としひこ
桜井俊彦

法藏館

目次

おもいやりの心

あしあと

亀は万年

足るを知る

あずかりもの

挿絵　門脇圭志郎

おもいやりの心

おもいやりの心

今からおよそ六百年前のことです。

京都の街（まち）に大きな商人の家がありました。金もちの家で育った若旦那（わかだんな）は、毎日お酒を飲んで、かけごとをして暮らしていました。しかも、仕事ぶりは「物を売ってやる」という態度でしたので、お父さんがなくなったあと、だんだんお客さんが減ってゆきました。

ある日のこと、若旦那はその日もまた、悪い人たちといっしょにかけごとをしていました。ところが、その日は、「若旦那、貸したお金がだいぶたまりましたぜ。一度全部返してから遊んでもらえないかね」といわれてしまいました。

若旦那は、お金に困ったらお父さんが残してくれた宝物を売ればいいと思っていたので、さっそく家に帰って、座敷の床（とこ）の間（ま）に飾ってある宝物のツボを売ろうと手に取りました。ツボの中をのぞいてみると、何か字が書いてあります。底に書いてあるので読めません。困っていると、ちょうど店の前を一休（いっきゅう）さんが通りかかりました。

「一休さん、一休さん！　これはちょうどよいところへ。ちょっとお知恵を貸してください」

「いったい、どうしたんですか？」

「このツボの中に字が書いてあるんです。宝物なので割るわけにもいかず、このまま売ってしまっては、大事なことでも書いてあるのではないかと思うと心配でなりません」

「よい考えがあります。水を持ってきてこのツボの中に入れてください」

若旦那は、いわれるままに水を持ってきてツボの中に入れました。

「のぞいてみてください。何と書いてありますか？」

若旦那がのぞいてみると、字が浮かんで見えました。

「〈おもいやり〉と書いてあります」

「お父さんが何をあなたにいいたかったか、おわかりですか？」

若旦那はしばらく考え、いままでの自分のまちがいに気づきました。

「私は、お客さまの立場に立って〈おもいやり〉の心で商売することを忘れていました。それがほんとうの意味の宝物だったんですね。これからは心を入れかえて商売にはげみます」

一休さんはその言葉を聞いて安心しました。

一休さんの話

一休さんと若旦那との話には、じつは続きがあるのです。

一休さんは、父親から〈おもいやり〉がほんとうの宝物だと教えられた若旦那にむかっていいました。

「ところで、この家にヤリはありませんか?」

「はい、あります。納屋におんぼろのヤリが」

「それを持ってきてください」

若旦那は、納屋へ行きました。納屋というのは、今でいう倉庫、物置です。ヤリはいくさのときに使うものですから、少し高いところにかけておきます。若旦那は、腕をのばして、ヤリをおろしました。

「よいしょ、なんて重いヤリなんだ」

ヤリは、振りまわしたりして使うものですから軽いはずですが、そのヤリはとても重いヤリ、「お・も・い・や・り」だったのです。若旦那は、ヤリを持って座敷にもどってきました。

「一休さん、こんなよごれたボロボロのヤリをどうするんですか？」

「まあ、そういわず、ぞうきんを持ってきてみがいてください」

若旦那が、ぞうきんでみがいてみると、ヤリはピカピカに光りました。

「それは金(きん)でできています。それを売って、今までの借金を返して、お客さまに喜ばれるような店にしてください」

こうしてその店は、またもとのように繁盛(はんじょう)したそうです。

なかなかおもしろい話ですね。お金や物は、使う人の心がちゃんとしていなければむだになってしまいます。また、人や物を、着ているものや見かけなどで判断してはいけませんね。見えないところにこそ、大事なものが隠されていることが多いものです。

「おもいやり」「まごころ」「やさしい心」を、これからもみなさん大事にしてください。

もしエラーがなかったら

プロ野球の中日ドラゴンズの山本昌（やまもとまさ）投手が、相手チームにヒットを一本も打たれないノーヒット・ノーランを二〇〇六年に達成しました。四十一歳という、最年長での記録達成です。

試合終了後、テレビ局のアナウンサーが山本投手にインタビューをしました。

「四回のエラーがなければ完全試合でしたね？」

山本選手は、答えました。

「あのエラーがあったからこそ、記録を達成できたんです」

さすがベテランの答えだと感心しました。エラーがあったからこそ「打順のめぐりあわせがよくなり記録を達成できた」というのです。

アナウンサーの質問は、人間の限りない欲をあらわしています。山本投手の答えは、現実をそのまま受け入れています。「エラーがなければ」というのは、「自分さえよければいい」という考えにもとづいています。ついには、エラーをした三塁手をもうらんでしまいます。「エラーがあったからこそ」と受けとめることができれば、うらみはなくなります。

人をうらむ悲しい人生をおくるより、現実をそのまま受けとめ、喜んで生きるほうがはるかに明るい人生がひらけます。

「こうだったら」とか「こうしていれば」は、欲ばり、いかり、なげきの言葉です。親鸞（しんらん）さまは、そのような自分勝手なのぞみを離れて、いまのあなたは「仏さまの大きなはたらきでそうなっている」といわれています。

笠地蔵の話

きょうは、みなさんもよく知っている『笠地蔵』の話をします。

雪ぶかい山里に、おじいさんとおばあさんが住んでいました。二人は、笠をつくって生活していましたが、お正月のおモチを買うお金がありませんでした。

ある年のおおみそか、おじいさんは笠を売りに、となりの村に出かけました。村は正月を迎えるのでにぎわっていました。けれど笠は一つも売れませんでした。しかたなく、おじいさんは家に帰ることにしました。しばらくすると、はげしい吹雪になりました。行くときに見かけた六体のお地蔵さまは、雪でまっ白になっていました。「えらいことじゃ」と、おじいさんは持っていた笠をお地蔵さまの頭にかぶせました。最後の小さいお地蔵さまの分がたりなかったので、自分が頭にまいていた手ぬぐいをかぶせてあげました。

家に帰ると、おばあさんが玄関で待っていました。

「笠は一つも売れんかった。すまんのう」

「おじいさんが無事に帰っただけでよかったですよ」

その晩おじいさんは、おばあさんにお地蔵さまの話をしました。おばあさんは、

「いいことをしたじゃありませんか。お地蔵さまたちも喜んでおられることでしょう」

と、いっしょに喜びました。

その晩、二人が眠っていると「ズズーン、ズズーン」と大きなもの音がしました。二人がおそるおそる玄関の戸をあけてみると、たわら、おモチ、野菜、魚、小判(こばん)がおいてありました。そして、笠をかぶったお地蔵さまたちは、照れくさそうに帰ってゆきました。

お地蔵さんは、なぜ、お米やおモチなどをおいていったのでしょうか?

そうですね、おじいさんがよいことをしてあげたからですね。それだけではなく、「いいことをしたじゃありませんか」と、いっしょに喜んであげたおばあさんのやさしい気ちにも、お地蔵さんがごほうびをあげたのだと、私は思います。

お釈迦(しゃか)さまは、

「人がよいことをしたとき、それをいっしょに喜ぶことは、よいことをするのと同じようにすばらしいことです」

といわれています。みなさんも、お友だちがよいことをしたら、いっしょに喜んであげましょうね。

「休」という字の意味

「休（きゅう）」という字は、人が木の陰にかばわれて、休息（きゅうそく）するようすをあらわしています。かばいいたわる、という意味です。

狭い日本では実感はあまりありませんが、広いインドの大地や中国の砂漠（さばく）地帯では、長い道がはてしなく遠く続いています。三十年前、私はひとりで、中国の西にあるタクラマカン砂漠のふちにそって、天山南路（てんざんなんろ）を路線バスで移動しました。

私の乗ったバスは、道の途中でパンクしてしまい、修理に四十分ほどかかりました。その間、乗客はバスや木の陰で砂漠の暑さをしのいでいました。車のないころ、馬やラクダで行き来した人にとって、木は人の命や動物の命を守ってくれるたいせつなものだったことでしょう。

東京都の木は、イチョウです。公害や火災にも強いため、街路樹（がいろじゅ）として使われています。秋になると、歩道は美しい黄色いじゅうたんのようになります。葉の落ちない常緑樹（じょうりょくじゅ）にすれば落ち葉の清掃が楽なのにと、ついつい思ってしまいます。

なのに、どうして街路樹を葉の落ちる落葉樹（らくようじゅ）にするのでしょう。その理由は、夏は葉が生（お）い茂って下を通る人に涼しさを与え、冬は葉が落ちて下を通る人に暖かな日差しを与えてくれるからです。木は火事のもえひろがりをふせいでくれたり、よごれた空気をきれいにしてくれます。自然のめぐみに感謝し、自然環境を大事にしましょう。

トマトとメロン

相田みつをさんの作品に、『トマトとメロン』という詩があります。
その詩を読んで、ほんとにそのとおりだと思いました。その心を、私なりの言葉でお話ししたいと思います。

みんなは、トマトとメロンと、どっちが好きかな？　トマトの嫌いな子、多いんじゃないかな？

トマトには種類がいくつかあって、最近人気のあるのは「桃太郎トマト」だね。大きさにもよるけれど、普通のトマトは一個百五十円くらいだ。西洋に「トマトが熟すと医者が青くなる」ということわざがあるくらい、栄養のたくさんある食べ物なんだよ。

メロンにも種類があるね。どんな種類があるか、いえるかな？　一番値段が高いのは、網目（あみめ）のある「マスクメロン」だね。一個五千円から、高いのは一万円もする。だから最近は、高級な感じのする網目のメロンで、「アムスメロン」や「アンデスメロン」に人気が集まっている。形もおいしさもマスクメロンに似ていて、値段が比較的安いから安心。だから「安心ですメロン」を縮めて、「アンデスメロン」というんだ。トマトにどんなに肥料をたくさんやっても、高い肥料をやっても、絶対メロンにはならないね。トマトもメロンも、太陽の光をいっぱい浴びて、雨も適当に降ってくれるお陰で、実が成るんだ。太陽は、メロンが高級だからといって、たくさん光を与えたりはしない。メロンもトマトも、同じように光をもらっているんだ。自然の恵みを受けて、トマトはいのちを精一杯生きているし、メロンもいのちを精一杯生きているんだね。

トマトとメロンを並べて、「どっちが安い」「どっちが高い」とかいっているのは、電卓片手にお金もうけに熱心な人間だけなんだ。トマトやメロンにしてみれば迷惑なことだね。トマトにむかって、「メロンになれ、メロンになれ、カッコいいメロンになれ、お金がいっぱい入るメロンになれ」って、毎日いったんじゃ、トマトが「どうにでもなれっ！」てやけをおこすかもしれないね。

私たちは、生まれては死ぬ「まよい」の世界を終わりにするために人間に生まれてきたんだから、人と比べたりしないで、まよいのない「さとり」を求めて、自分のいのちを精一杯に生きることがたいせつなんだ。だから、お釈迦(しゃか)さまが誕生されたときに「天上天下(てんじょうてんげ)唯我独尊(ゆいがどくそん)」、世界でいのちあるもの一人一人が尊いといわれたんだね。

呼吸は神さま？

インドには、神さまと自分が二つに分かれているままで一つを「一如」と考え、「梵我一如」という言葉が古くからあります。

「梵」は、はじめ帝釈天（梵天）という神さまのことでしたが、のちに宇宙のおおもとといわれるブラフマン（brahman）になりました。「我」は自分があるおおもとのほんとうのすがたとするアートマン（ātman）のこととなりました。

むずかしくなりますが、この我は、ふだん使う自分中心の考え方で見る自分に対する意識（自我）ではありません。自分だけの見方（主観）と、自分をぬいたモノだけの見方（客観）と、二つに分けて見る見方をこえて、ありのままに一つと見る「我」です。人間が考えることができない、言葉でも表現できないものです。

東方学院で中村元先生の講義で聞いたのですが、アートマンの原語は、ドイツ語のアートメン（atmen）、「呼吸、息」と同じだそうです。それがブラフマンと「一つ」ということなら、呼吸がそのままで神さま（帝釈天）ということになるのではないでしょうか。

私の呼吸が神さま。

親鸞(しんらん)さまは、口から出る念仏が仏さまのほんとうのすがた、といわれています。なるほど、なるほど。中国の道綽(どうしゃく)さまは一日に七万回、善導(ぜんどう)さまは休むことなく念仏をとなえられました。日本の法然(ほうねん)さま、親鸞さまも、絶やすことなく念仏をとなえられました。

一日に七万回となえるには、一分間に四十八回、寝ているときも「南無阿弥陀仏(なむあみだぶつ)」をとなえなければその回数には達しません。呼吸と同じでなければ達しませんね。

いろは歌

「関ジャニエイト」という男性八人のアイドルグループが、二〇〇四年にデビュー曲『浪花いろは節』を歌って流行しました。軽快な曲に「いろは歌」の詞をつけたものです。

いろはにほへとちりぬるを　わかよたれそつねならむ　うゐのおくやまけふこえて
あさきゆめみしゑひもせす　ん（色は匂へど散りぬるを、わが世誰ぞ常ならむ、有為の奥山今日越えて、浅き夢みじ酔いもせず、ん）

この「いろは歌」は、お釈迦さまが説かれた、次のような教えをもとにしたものです。

天上の世界の神々が相談をして、ヒマラヤ山で修行をしている、雪山童子という青年の真実を求める心を、帝釈天がためすことになりました。ヒマラヤ山におりた帝釈天は、羅刹という人食い鬼に変身し、谷あいで「諸行無常、是生滅法」と二句の言葉をとなえました。遠くでそれを聞いた童子は、声の出どころをさがして羅刹の前にたどり着き、「続きの句があるはず。残りの言葉を聞かせてください」と心をこめて願いました。そして空腹で答えられないという羅刹に、自分の血と肉を与える約束をしました。

「生滅滅已、寂滅為楽」という続きの言葉を聞いた童子は、喜びのあまり後の世にその言葉を伝えるため、木や石に言葉をきざみました。そして、羅刹の前に身を差し出しました。しかし、「修行を積んだ徳のある人間の肉は食べられない」と羅刹がいうので、童子は木の上から飛びおりました。童子のかたい求道の心に感じ、羅刹はもとの帝釈天となり、雪山童子を空中で受けとめました。天の神々たちはその徳をほめたたえました。


「諸行無常、是生滅法、生滅滅已、寂滅為楽」は、「ものはみな移り変わり、現れては滅びる。これは生滅のきまりである。生と滅とを滅し終わって、生滅にとらわれることがなくなると、安らぎと静けさは生まれる」という意味です。

この物語は、国宝になっている法隆寺の「玉虫厨子」にえがかれています。また、弘法大師空海はわかりやすい四十七文字のひらがなをつかった「いろは歌」で残されたといわれています。

「いのちを捨ててこそ得るものあり」「世の中のことだけでなく、あなた自身が諸行無常であることに気づいてほしい」と、お釈迦さまはいわれています。

もったいない

二〇〇四年にノーベル平和賞を受賞した、ケニヤの環境副大臣ワンガリ・マータイさんは、資源を有効利用する次の三つのRをたいせつにするように呼びかけました。

①リデュース（reduce）ゴミの削減
②リユース（reuse）再使用
③リサイクル（recycle）再利用

マータイさんは、その後来日して、自然や物に対する敬（うやま）いと愛の心（リスペクト）を日本語では「もったいない」ということを知り、自分の主張がこの一つの単語にまとめられていて感激したといいます。外国の言葉には、「もったいない」を一つの単語で表現する言葉がなかったからです。

マータイさんは、小泉純一郎首相（こいずみじゅんいちろうしゅしょう）と対談して、「もったいない（MOTTAINAI）」という言葉を世界にひろげてゆくことで意見が一致（いっち）したといいます。

二〇〇五年、イギリスでサミット（先進国首脳会議）を終えた小泉首相の、現地で記者会見した模様が、衛星放送で流されました。記者会見の最後に、小泉首相は、「もったいない」というすばらしい日本語を世界の人びとに知ってもらいたい、と語っていました。サミットでのおもな議題に、アフリカの争いや食料の飢え(う)の問題がとりあげられたからだと思われます。

日本には、平和憲法をはじめ、外国にはない日本独自の精神文化があります。それを世界の人びとに伝え、理解してもらう努力が、もっと必要だと思います。その上で、日本独自の平和外交を、世界にしめしてもらいたいものです。

戦争は、石油など先進国の利益と権利のからんだものが多いものです。戦争のためにお金を使い、自然を破壊し、人のいのちが犠牲になることこそ、もっとも「もったいない」ことでしょう。

あしあと

あしあと

昔聞いて、たいへん感銘(かんめい)した話があります。

あとで調べたらこの話は、アメリカのマーガレット・パワーズが作った「あしあと(Footprints)」という詩がもとになっているようです。


ある人が、これまでの自分の一生を振りかえる夢を見ました。

砂浜に、ふた組の足あとが並んで続いていました。ところが、途中からひと組の足あとしかありませんでした。

その人は、仕事も生活も順調で、教会にも熱心に通っていたころがありました。自分でも「神とともにありき」と、あつい信仰をもった信者であることを認めていましたから、それが神さまと自分のふた組の足あとであることはすぐにわかりました。

しかし、あるときから仕事がうまくゆかなくなって、生活も苦しく絶望のどん底に落ちてしまいました。もう教会のことも神さまのことも、すっかり忘れていました。

ひと組の足あとは、ちょうどその時期と重なっていました。

この話をはじめて聞いたとき、私は、このひと組の足あとは、絶望に打ちひしがれて一人ぼっちで歩く、その人の足あとだと思いました。ところが、そうではなかったのです。話は、次のように続いていました。

神さまは「私の愛する子どもよ、私はけっしてお前のそばを離れたことはない。お前がもっとも苦しんでいたとき、砂の上にひと組の足あとしかなかったのは、私がお前を抱いて歩いていたからなんだよ」とおっしゃいました。その人はハッと気づきました。その足あとは神さまの足あとだったのです。

この話は、「神さまの愛」をうまくあらわしていると思います。満たされた日常をおくっていると、神さまの愛に気づきにくいものです。鈴木大拙（すずきだいせつ）という人は、「人間の行きづまりこそ神さまのお出ましになる機会である」といわれています。

人間の思い、考えをこえたところで、仏さまの慈悲にめざめ、気づかされます。

グッドバイ

「さようなら」という言葉があります。

これは、接続詞の「それならば」という意味の「左様(さよう)なら」が、あいさつの言葉になったものです。

英語では「グッドバイ(Good-bye)」といいますが、もう日本語になったといってもいいくらいですね。

辞書で「グッドバイ」を引いてみますと、「ゴッド　ビィ　ウィズ　ユウ(God be with you(ye))」が縮まった形であると解説してあります。これは、神が助けまもってくれるように「神のご加護(かご)があらんことを(祈る)」という意味です。yeはyouの古い形です。

神さまをうやまう気もちから、「ゴッド(God)」という言葉を、あいさつとして直接口にするのを遠慮(えんりょ)する世の中の傾向がありました。「グッド　モーニング(Good morning)」という表現などから、十七世紀にGodがgoodと言いかえられ、明治時代中ごろから日本でも用いられるようになったそうです。

別れるときに、「神のご加護があるように」「神とともにあるように」というあいさつをするのは、神さまをいつも身近に感じているようでいいですね。

日本でも、「ありがとう」「もったいない」「いただきます」など、仏さまに感謝し、いつも仏さまとともにあった感覚がありましたが、現代ではうすれてしまったように思います。

「神とともにあるように祈る」という、「グッドバイ」に近い言葉は、仏教では「南無阿弥陀仏」ととなえる念仏ではないでしょうか。念仏は、形のないほんとうの仏さまが口から出てくださっているのですから、私と仏さまがひとつとなった言葉として味わえますね。

そばを切るコツ

新潟県糸魚川市の棚口温泉に泊まったときのことです。町おこしのために、小学校の跡地を利用して、そば道場が開かれていました。私は、そば道場ではじめてそば打ちを体験しました。

そば粉を山のように盛り、中央にくぼみをつくって水を入れる。手のひらに体重をかけて粉をこね、ボール玉のようにしたら、麺棒を使ってうすく四角にのばす。それを長方形に折りたたみ、板をあてて、大きな重いそば切り包丁で切っていく。村のおばちゃんの先生から、「切るときは、包丁の重みに任せて」とのアドバイスをもらいました。

ところが切り進んでゆくと、だんだん包丁にそばがくっついて、なかなかうまく切れません。一回切っては、包丁にくっついたそばを離す。何時間かかることやらと思って、「包丁にそばがくっつくんですが」と、先生にアドバイスを求めると、

「肩の力をぬいて、あとは包丁の重さに任せておろしてください」

と教えられ、いわれるとおりにやってみました。すると、さきほどまで悪戦苦闘していた

のがウソのようにくっつかずにうまく切れます。

仏さまの教えの世界も同じだと思いました。仏さまのお慈悲(じひ)は、「どうもしないで」「無条件で」いただけるのに、なにかそれではもの足(た)りないと思い、自分でなにかをつけ加えようとします。いつのまにか、「切ろう切ろう」という力(りき)みが入ってしまうのと同じです。

「自分の力をぬいて」と教えられたそば道場は、そのまま念仏道場でした。

いのちよりたいせつなもの

高校の親(した)しい仲間といっしょに、群馬県みどり市にある「富広(とみひろ)美術館」を訪ねました。
一九四六年に生まれた星野(ほしの)富広(とみひろ)さんは、中学の体育の教師をしているとき首の骨のけがをして、手足の自由を失った人です。一九七四年に、病室でキリスト教の信者になるための儀式、洗礼(せんれい)を受けられます。入院中に描(か)いた、生かされている感謝と喜びを詩や絵にした作品が展示してありました。二つ紹介します。

冬があり夏があり
昼と夜があり
晴れた日と雨の日があって
ひとつの花が咲くように
悲しみも苦しみもあって
私が私になってゆく

いのちが一番大切だと思っていたころ
生きるのが苦しかった
いのちより大切なものがあると知った日
生きているのが嬉しかった

さすがに、キリスト教の信仰心あふれる詩だと感動しました。自分にとって、つごうのいいことだけでなく悪いこともあって、人間は育てられていきます。それらはすべて仏さまにあう縁（えん）、仏さまに気づく縁、仏さまに目ざめる縁となります。

「いのちより大切なもの」という言葉に、私を生かしてくださっている大いなるはたらきが感じられます。それが仏さまです。「生かされて生きる」という生き方が伝わってきます。

いただきます

スナックに行って、カウンターに座りました。つまみにエビシウマイを頼みました。前に立った二十歳(はたち)くらいの店の子に「食べていいよ」といいました。彼女は手を合わせて、「いただきまーす」といって食べはじめました。「感心だね、いつも手を合わせて食べるの?」と尋(たず)ねると、「おばあちゃんがいつもこうして食べてたから自然と」と答えました。

石川県七尾(ななお)市のお寺で保育園を営(いとな)んでいた、私の義理(ぎり)のいとこの亀山純圓(かめやまじゅんえん)さんから聞いた話です。保育園で、亀山さんは子どもたちにいいました。

「食事をいただく前に、手を合わせて『いただきます』といってから食べましょう」

「どうして?」

「食事の材料を運ぶ人や給食をつくる人がいるおかげで、こうして食事がいただけるんだよ」

「お母さんは、給食費、はらったっていってたよ」

「給食費は、運んだ人やつくった人にはらうお金だよ。お魚さんに、一円でもはらいましたか？　お米も野菜も、みんな生きているいのちを、私のために差しだしてくれているのです。だから、お礼をいってから食べましょう」

　またあるとき、園児のお母さんから、

「うちの子は、食事の前にムニャムニャいって、なかなか食べはじめないのです」

と相談されました。次の日、その子のそばで何をいっているのか、耳をすませてみました。

「お魚さんごめんなさい、ニンジンさんごめんなさい……」

と食材のひとつひとつにいっていたのです。そのとき、亀山さんは、

「○○ちゃん、手を合わせて『ナムアミダブツ』といって食べましょう。『ナムアミダブツ』のなかに、『ごめんなさい』も『ありがとう』も全部入っているんだよ」

と話されたということです。

　食事のとき手を合わせる意味は、食べ物が私に届くまでに何人もの手をへてきていることへの感謝と、他の生き物のいのちをいただいて私のいのちが成り立っていることへの感謝のすがたです。

　説明する人がいなくなったことと、お年寄りと一緒に住まなくなった家族の形が、心の教育にも大きく影響を与えているように思いました。

アンダースタンド

「理解する」「わかる」を、英語ではアンダースタンド（understand）といいます。

アンダー（under）は「下に」、スタンド（stand）は「立つ」という意味です。相手の気もちの下に、または同じ立場に立って、はじめて相手を理解することができるということなのでしょう。

お母さんは、泣いている子どもをなだめるとき、しゃがんで子どもの目線に立って声をかけます。子どもを見おろして、なぐさめの言葉をかけても心は伝わりません。

水は低い所へ流れます。人の気もちも、うぬぼれて人をばかにする人や自分の利益を優先する人には流れにくく、すなおでひかえめな人や自分の利益をあとまわしにする人に流れやすいものです。

社会生活のなかでも、いろいろな失敗をすることがあります。「自分はこんなに頭を低くしているのに」となげいたり、不満が出るのは、いつしか自分が高い所に立っているからです。

仏さまは、自分中心のものの見方はよくない、と教えられています。仏さまにめざめると、そうしたいばったり、じまんしたり、正しくないことをする自分に気づかされます。上に立っていた自分が下に立たされてしまいます。

頭で考えているだけでは、仏さまにめざめることはできません。坐禅をしたり念仏をとなえていると、そこに仏さまがはたらいてくださり、自然と気づかされます。仏さまのこころが、私に流れてきてくださいます。

沖縄サミットの裏話

二〇〇〇年に、沖縄で先進八か国のサミット（主要国首脳会議）がおこなわれたときのことです。

会議後のパーティで出すワインを選んで決める役を、世界的に有名なソムリエの田崎真也さんが担当することになりました。

田崎さんは、どの国もおいしいワインをつくっているので、どこの国のワインを出せばいいのか悩みました。その結果、八か国のワインをまぜるという、ワインの常識からはずれた方法を思いつきました。

このアイデアは見事に成功して、それぞれの国の代表は、口々に、

「これはおいしい、どこの国のワインか？」

と話題にしました。そして、八か国のワインをまぜたことを知ると、代表たちは大喜びしたそうです。

田崎さんは、それぞれの国が自信をもっているワインをまぜて、いっそうおいしくする

という方法で、サミットの、ゆずりあって力をあわせるこころ、「協調」をあらわしたのでした。

聖徳太子は、お釈迦さまの教えによって協調のこころ、「和」を貴ぶようにいわれました。

聖徳太子をあがめられた親鸞さまは、

「人びとを無条件ですくうという、仏さまの願いからできている念仏をとなえていると、人間の悩みのもとや対立のもとになる無明が破られる」

といわれています。

それで真々園の看板には、後半にお釈迦さまの言葉を引いて次のように書いておきました。

お念仏をとおして、
お釈迦さま・聖徳太子・親鸞聖人に、
現代に生きる仏教を聞く。
　異なった楽器がひとつの曲を奏でるように、
和　のある家庭・社会を。

亀は万年

亀は万年

ある縁日(えんにち)のことです。露店(ろてん)でおじさんが亀を売っていました。ちょうどそこに子どもが通りかかりました。

「坊や、この亀は長生きするよ。昔から、『鶴は千年、亀は万年』といって、亀は長生きするんだよ」

と、おじさんはいいました。その子どもは、

「そんなに長生きする亀なら、ひとつちょうだい」

といって買っていきました。

次の日の朝起きてみると、亀は死んでいました。その子は亀を持って露店にゆき、

「おじさん、亀は長生きするっていうからきのう買ったけど、もう死んじゃったよ」

と、不満げにいいました。おじさんは、なんて答えたでしょうか?

………

おじさんは、

「きのうが、亀の一万年目だったんだよ」

といいました。

落語（らくご）にある話だそうですが、なかなか味のあるおもしろい話ですね。「亀のいのちは一万年」と考えるのは、今の私が中心になっていて、「今から数えて一万年」と勝手（かって）に思いこんでいるにすぎません。しかし、亀のいのちはすでにその前からはじまっていますから、今晩死ぬかもしれないのです。そのことに、私は気づいていないのです。真実が見えていないのですね。

私たちは、知らず知らずのうちに、自分の意見は正しいとする「自分中心のものさし」でものごとをはかっているのです。私のものさしではからずに、あるがままを、そのまま認めることがたいせつです。

仏さまの教えを聞いて、真実が見えていない自分に気づかせていただきましょう。

おばあさんのささげもの

二千五百年ほど前、インドの国がいくつにも分かれていたころ、北のほうにあったコーサラ国の都、マヘート（舎衛城(しゃえじょう)）という所での「貧者(ひんじゃ)の一灯(いっとう)、長者(ちょうじゃ)の万灯(まんどう)」という話です。西本願寺のご門主(もんしゅ)の大谷光淳(おおたにこうじゅん)さまと、二〇〇〇年にごいっしょのツアーで、はじめて私もそこに行ってきました。お釈迦(しゃか)さまが住んでおられた祇園精舎(ぎおんしょうじゃ)と王さまが住んでいる宮殿(きゅうでん)は、一キロほど離れていました。

お釈迦さまが宮殿で教えを説かれるというので、王さまは、道を照らすためにたくさんの明かり、灯明(とうみょう)をささげました。お釈迦さまに灯明をささげることは、功徳(くどく)を積むこととされていました。まずしい暮らしをしていたおばあさんも、その話を聞いて髪の毛を売って少しの油を買いました。そして、ひとつの灯明をささげました。おばあさんは、

「この油では夜の半分ももたないけれど、私がもし次の世にお釈迦さまと同じ世界に生まれることができるのならば、夜じゅう光を放ってください」

と願いました。

夜になり道が暗くなったので、王さまは、宮殿の門から祇園精舎まで、道の両側に明かりをともしました。王さまの灯明は、風で消えるものもありましたし、油が燃えつきて消えるものもありました。ところが、おばあさんの灯明は、ほかのものとは比べものにならないほど明るく輝いていて、夜じゅう消えることはありませんでした。

夜明けが近づいたので、お釈迦さまは、弟子のモッガラーナ（目連）にまだ火のついている明かりを消させました。しかし、おばあさんの灯明だけは消えません。モッガラーナは、自分の着物であおいで消そうとしたのですが、かえって火はいきおいよく燃えました。

お釈迦さまは、モッガラーナに、

「このおばあさんは、この世に生まれる前の世からたくさんの仏さまを供養したので功徳があるのだよ。次の世では須弥灯光如来という仏さまになられるのだよ」

といわれました。

まずしくても「まごころ」をこめたわずかなささげものは、王さまのたくさんのささげものより、すぐれていることを教えられたんだね。「まごころ」は仏さまの心です。

まわりの人によくしてあげたい、お返しはいりません、という心を大事にしましょう。

がんばって

「がんばって」という言葉は、人によって好き嫌いが分かれますが、若い人たちはよく使っています。

「がんばる」は、比較的新しい言葉で、自分勝手な考え、わがままを押しとおす「我に張る」が変化したものといわれています。「困難に負けず努力する」という意味で使うのならいいのですが、「頑固に意地を張って自分の説を押しとおす」となると感心しません。

中国語では、油を加えると書いて「加油」というからおもしろいですね。英語では、とくにきまったいい方はなく、状況によっていい方は異なります。

「ドゥユアベスト（do your best）」は「最善をつくせ」、「ハンギンゼア（hang in there）」は「勇気を出せ」、「ホールドアウト（hold out）」は「あきらめるな」、という意味になります。

お母さんが試験に出かける子どもを見送るときなど、「ドゥユアベスト（do your best）」といいます。「最善をつくすことこそもっとも大事」という気もちがよくあらわされていて、いい言葉だと思います。

大いなるもの、仏さまのはたらきに生かされ、人とのつながりによって生かされていることに気づくと、自分の力は小さく見えて、人間関係はうまくいくものです。「我を張って」、自分のいいたいことにとらわれて「がんばって」いると、社会生活や人間関係がうまくいきません。

「がんばらない」ことも時にはたいせつです。

負け続けたハルウララ

高知競馬場で、一〇二連敗中の「ハルウララ」という八歳の馬が話題になりました。二〇〇四年三月二十二日には、前年一年間で二〇四勝という新記録の勝ち星をあげた、中央競馬の天才騎手武豊（たけゆたか）が乗ってレースに出ましたが、十一頭中の十着になりました。

人気の理由は、馬券を買っても当たらないから、「車に当たらない」をかけて、馬券を交通安全のお守りにするのだそうです。また、一度も勝ったことがないので、同情した人たちに馬券が売れ、毎レース一番人気になったそうです。観客も売上げも減って困っている地方競馬にとって、大きな貢献（こうけん）をしました。

ハルウララが話題になった前年の、レコード大賞など歌の賞レースは、スマップの『世界に一つだけの花』が、二三〇万枚のCDを売上げ、ダントツの大賞候補でした。しかし、「人と比べて生きるのでなく、人それぞれに自分の花を咲かせればいい」という詩の内容に反するので、スマップはすべての賞を辞退しました。

一度も勝てず、一〇九連敗して歴代二位の連敗記録をつくったハルウララでしたが、スマップの歌を証明するように、人生ではなく馬生の花を咲かせたのではないでしょうか。

お釈迦(しゃか)さまは、念仏者(ねんぶつしゃ)を蓮(はす)の中でももっともりっぱで大きい白い蓮の華(はな)「白蓮華(びゃくれんげ)」にたとえられました。念仏者にとって花を咲かせることは、いのちを終えて浄土に生まれることをいいます。念仏のひと声ひと声を蓮にたとえて、浄土に蓮の花がひらくともいいます。

私たちも仏さまに目ざめて、仏さまのお力で浄土に花を咲かさせていただきましょう。

なやみの氷がとけて

私は、能登(のと)半島で生まれたので、小学校五年生のとき「三八豪雪(さんぱちごうせつ)」といわれる昭和三十八年の豪雪を体験しました。

二〇〇六年の冬は、北陸地方では記録的な大雪となり、毎日雪の被害のニュースが流れました。屋根の雪おろしや道路の除雪(じょせつ)で、百人以上の死者が出ました。連日快晴の日が続く東京で見る雪国のニュースは、身にしみる実感がありません。そこに身をおく、そんな体験、体感がないとわからないものです。

二〇〇六年一月二十一日、五年ぶりに、東京に十センチ以上の大雪が降りました。翌日の日曜念仏会にお参りされる方々が転ばないようにと、歩道の雪かきをしました。さらに、車で来られる方のためにも、バス通りから二十メートルくらいの区道部分と、真々園(しんしんえん)前の広場に駐車しやすいようにと、雪を両端(はし)に寄せました。大雪のおかげで、雪国の生活のたいへんさを少し見た思いがしました。

雪がやんでから雪かきをすればよいようなものですが、積もってからの雪かきは何倍もの力が必要です。ましてや、凍りついてしまったらお手あげです。
まよい・なやみの煩悩が降り続く毎日の生活のなかで念仏することは、雪が積もる前に、仏さまのお慈悲によって次々に雪がとかされるようなものです。
親鸞さまのうたに、仏さまのお徳をたたえられたものがあります。
無碍光の利益より　威徳広大の信をえて
かならず煩悩のこおりとけ　すなわち菩提のみずとなる（『高僧和讃』）
（人間の煩悩の心にさえぎられない阿弥陀仏のはたらきにより、広くて大きなすぐれた功徳をそなえた信心を得ることで、かならず煩悩の氷がとけて、そのままさとりの水となる）
降り続く雪のなかで、小声で念仏をしながら、雪かきをしていて思いました。ありがたいなー。ナムアミダブツ……

形のない世界遺産

二〇一三年に、富士山がユネスコ（国際連合教育科学文化機関）から、世界文化遺産に指定されました。

世界遺産を審査して決定するユネスコのたいせつなきまりである憲章に、

「戦争は、人の心の中で生まれるものであるから、人びとの心の中に平和の砦を築かなければならない」

とあります。そうすると、『日本国憲法』の前文こそ、形のない世界遺産にふさわしいといえるのではないでしょうか。

「憲法の前文」の大事な言葉をわかりやすい言葉で抜き出してみます。

①日本の国民は、いつまでも変わらない平和を心から願って、人間のおたがいの関係を成り立たせる尊い理想を深く感じとる。

②日本の国民は、平和を愛するいろいろな国の人たちが、公平で正しいことと約束を守り義務を果たすことを信用して、

③私たちは、どの国も、自分の国のことだけを考えてよその国を無視してはならない。
④私たちは、自分の国の政治のあり方を決める最高の権力を持ちつづけ、よその国と上下のない関係に立とう。

これこそが、『日本国憲法』の精神であるといえるでしょう。

こうした「憲法の前文」に書かれた四つの言葉は、日本文化の基礎を築かれた聖徳太子（しょうとくたいし）の平和思想と一致（いっち）するものです。一つの言葉にまとめれば、『十七条憲法（じゅうしちじょうけんぽう）』の第一条に、「和（わ）をもって貴（とうと）しとす」といわれています。

これは、ともに、民族や時代をこえたすべてのものにあてはまる立場でつくられたからでしょう。日本国民はもとより、全世界の言葉に翻訳（ほんやく）して、より多くの人びとに、日本の姿勢を知ってもらいたいものです。

理想を現実に合わせるのではなく、現実を理想に近づけるように努力することこそ、仏さまの教えを信じる人の願いとしてたいせつなことではないでしょうか。

五個のシュークリーム

「五個のシュークリームをもらいました。お友だちと三人で分けることにしました。二つあまります。どうしますか?」

と、五歳の子どもにたずねました。

「仏さまにあげる」

と、その子は答えました。

　これは「真々園（しんしんえん）の花まつり」での一場面です。仏さまにあげたり、自分は一つでいいから相手に二つあげるというおこないは、物へのとらわれが強いとできません。現代は「おもいやりの心」がうすくなり、「自分さえよければいい」という思いが強くなって、あたたかい心が育ちにくい世の中になってしまいました。

　おじいさんに連れられて、花まつりにおまいりしたこの子が答えたように、一家に信仰のあつい高齢者がいると、小さな子どもにまで仏教が伝わりやすいものです。しかし、核家族化が進み、たいせつな家庭教育が十分おこなわれなくなりました。とくに、都会では家庭から仏壇もなくなり、仏さま中心の生活ではなくなってしまいました。

そして、葬式・法事は仏さまの話を聞かせてもらうよい機会でしたが、形だけの儀式で終わってしまうことが多いようです。

こころの豊かさが求められている今だからこそ、仏さまの教えが必要とされています。

「仏さまに生かされている喜び」を、ひとりでも多くの人に伝えてゆきたいものです。

十円玉の話

携帯電話がまだなかったころ、築地本願寺にある東京仏教学院の友だちから聞いた話です。

知的障害の子どもたちが入っているある施設で働いていたおじさんが、ひとりの子どもを呼んできて、財布から六枚の硬貨を出していいました。

「これは、一円玉、五円玉、十円玉、五十円玉、百円玉、五百円玉だね。好きなのをあげるから、どれか一つを選んでごらん」

みんなは、どれを選ぶかな？　私だったら、五百円玉を選びます。きっとみんなもそうじゃないかな？　だけど、その子が選んだのは十円玉でした。

「どうして十円玉を選んだの？」

と、おじさんはたずねました。その子は、

「お母さんの声が聞けるから」

と答えました。施設にある十円玉でしかかけられない公衆電話で、お母さんと話をすることを一番楽しみにしていたからです。

私たちは、五百円は十円の五十倍の値うちがあると思うから五百円を選ぶんだね。でもその子にとっては、十円玉でお母さんの声が聞けるから、十円玉には特別な意味があったんだね。五百円で人間の欲ばりな心を満たすことはできても、心の満足が得られるとはかぎりません。お釈迦（しゃか）さまが教えられたことは、心の満足のことで、それは数字では、はかれないものです。

五百円玉を選ぼうとした私たちの考えは、ものを比べて判断するという「人間のものさし」です。十円玉を選んだその子の考えは、十円玉に意味を見つけるという「仏さまのものさし」です。人間のものさしは、生活をする上で必要です。しかし、砂場に棒を立てても、すぐに倒れてしまうように、人間のものさしだけではグラグラしてしまいます。それで、人間のものさしをささえてくれるもの。仏さまのものさしがあることを、見失わないようにしなければなりませんね。

お釈迦さまは、お城の王子さまとして生まれ育ちましたが、いつまでも変わらないほんとうのもの、「さとり」をもとめて、お城を出て六年間のきびしい修行（しゅぎょう）をされました。みなさんも「仏さまのものさし」ってなんだろう？　ということを大事に考えてください。

足るを知る

足るを知る

はじめて日本に来たドイツ人を、能登（のと）半島に案内して、当時あった輪島（わじま）の国民宿舎に宿泊したときのことです。

夕食時、前に座った中年の女性客が、

「料理が少ないので何か注文したい」

といいました。すると、

「事前の申し込みがないので対応できません」

と、従業員は答えました。その女性は、

「たったこれだけ⁉」

と、ブツブツいいながら食べていました。

その言葉の受け答えのようすを、ドイツ人に伝えたところ、

「私は、十分に満足しています」

とおいしそうに食べていました。同じ料理を食べていながら、満足度がまったく異なる光

景でした。

法政大学大学院が、二〇一一年に、日本で初めて幸福度の調査をおこなって、「一位が福井県、二位が富山県、三位が石川県」であったと発表しました。北陸三県が上位三位を占(し)めたわけです。

北陸は真宗王国といわれるように、仏教の影響が大きい土地柄です。お釈迦(しゃか)さまの言葉に、

　足(た)るを知るものは、貧(まず)しといえども富(と)めり。
　足るを知らぬものは、富めりといえども貧し。

とあります。最近は仏教離れがいちじるしいようですが、まだ北陸の土地には仏教がしみこんでいて、このような考え方を育てているのではないでしょうか。

「ありがたい」「いただきます」「もったいない」「おかげさまで」という言葉にあらわされるように、日本人は仏さまから「生かされている」思いをたいせつにしてきました。東日本大震災からの復興はもとより、経済発展の裏で日本人が見失ってきた、そうした心も復興したいものですね。

ビジネス

ビジネス（business）は、もちろん英語ですが、近い発音で書き表すと、ビズニスとなります。

ビジネス（business）というのは、忙（いそが）しいという形容詞、ビズィ（busy）に、名詞化するネス（ness）がついたもので、「職業」「仕事」という意味です。もともとの「多忙」という意味は、ビズィネス（busyness）という言葉として残っています。

漢字の「忙しい」の「忙（ぼう）」という字は、亡（な）くすという字の横に、心をつけて書きます。「忄」りっしん偏（べん）は心をあらわしています。これは、心が落ち着かないという意味です。同じ仲間の字で「忘れる」の「忘（ぼう）」という字は、亡くすという字の下に心と書きます。この「忘」は、記憶が心の中から消え去るという意味です。

通勤電車に乗っていると、ノートパソコンをひらいて仕事をしている人を、ときどき見かけます。字が語（かた）っているように、忙しく日々を送っている人の代名詞となっているビジネスマンこそ、心を左につけるにしろ下につけるにしろ、とにかく心を亡くしてしまわないように、「省みるひととき」「ゆとり」が、もっとも必要とされているということでしょうか。

六百年ほど前に能を完成させた世阿弥の言葉に、能の修行について語った、最初の心を忘れてはならない、「初心忘るべからず」という言葉があります。人生のなかにはいくつもの初心があって、若いときの初心、人生の時々の初心、老後の初心、それを忘れてはならない。道をきわめたかのように思って、満足して何もしなければ、芸もそこで止まってしまう。自分の未熟さに気づいて、いつも求める心を忘れてはならない、という意味だそうです。

一生念仏ひとすじに生きた父、桜井鎔俊は、その言葉をいいかえて「念仏者は、初心忘るることなし」といいました。念仏をとなえることをなまけていると、初心を忘れる。だから、いつも道を求める心を忘れず、おこたらず念仏を続けていれば初心を忘れない。

念仏を絶え間なくとなえることのたいせつさをいわれたものです。

イナバウアーでとった金メダル

二〇〇六年冬のオリンピックは、イタリアのトリノで開かれました。日本選手団には、多数のメダル獲得が期待されていましたが、メダルが一つもとれないまま、終盤のフィギュアスケートに入りました。

いよいよ、女子の決勝がはじまりました。予選終了時点で二位にいた、アメリカのサーシャ・コーエンは、緊張のあまり二度転びました。そのようすを、荒川静香選手は見ていませんでした。スケートリンクに背をむけて、ヘッドホーンを耳にあてて、自分がすべる音楽をきいていました。自分のすべりにだけ、心を集中していたのです。次に演技をした荒川選手は、得意のイナバウアーも披露して、失敗もなく自己最高得点を出しました。彼女のすべりに感動した観客は総立ちになり、拍手が鳴りやみませんでした。

イナバウアー（Ina Bauer）とは、この演技を考え出したドイツのデュッセルドルフに住んでいる女性の名前です。その華やかで美しいすべり方に引きつけられた荒川選手は、イナバウアーを自分のものにして、もっとも得意なわざとしていました。しかし、採点方法が変更になって、イナバウアーは採点の対象からはずされてしまいました。荒川選手は、幼いころより天才ともてはやされ、むずかしい程度の高いすべりをめざしていましたが、なかなか成功せずスランプにおちいっていました。

オリンピックの一か月前、荒川選手は、コーチをベラルーシのニコライ・モロゾフに変えました。そのコーチは、元振付師(ふりつけし)でした。採点基準外であっても、荒川選手が得意とするイナバウアーをとり入れることをすすめました。それによって、荒川選手は、自分の目ざしていた本来のスケートを取りもどして、いきいきとすべることができるようになりました。

――荒川選手に続いて、予選一位だったロシアのイリーナ・スルツカヤがすべりました。荒川選手の完璧(かんぺき)なすべりを見てプレッシャーがかかったのか、彼女も転んでしまいました。結局、予選三位だった荒川選手が、金メダルをとりました。日本にとっては、貴重(きちょう)な金メダル一つでした。

採点とは関係のないイナバウアーをとり入れたことが、荒川選手にゆとりを与えました。「華やかで美しいすべりを観客に見てもらいたい」という思いが伝わりました。人とくらべない世界、数字であらわせない世界、そこにほんとうに大事なものがあったわけです。

ありのままで

ディズニー映画『アナと雪の女王』が、主題歌とともに二〇一四年に大ヒットしました。その曲が、ディズニーランドのショーに使われ、また翌年の春の選抜高校野球のテーマ曲にもなりました。

映画のもとの題名は、「レットイットゴー（let it go）」で、「ほうっておけ」「そのままにしておけ」という意味で、おもに精神科医が使う言葉だそうです。もとの題名の直訳では日本人にわかりにくいので、日本語訳は「ありのままで」としたことも、ヒットのおもな原因になったようです。

ビートルズの歌に、「レットイットビー（let it be）」という曲があります。こちらは、「あるがままに」と訳されています。もとの意味は、私たちに代わって祈る聖母マリアの意思で、「神のみこころのままになりますように」という祈りの言葉だそうです。

「ありのままで」は、人間の本能を認めるように聞こえ、一時の気やすめのように感じます。それに対して、「あるがままに」は、人間の理解をこえた仏さまが、人間をすくうはたらきをあらわすように聞こえます。

お釈尊さまは、「あきらかにみる」といわれ、親鸞さまは「大きな力のはたらきでそうなっている」といわれました。

私が住んでいる、念仏道場「真々園(しんしんえん)」のそばに、マンガ家たちが住んでいた「トキワ荘」がありました。そこに若いころ住んでいた赤塚不二夫(ふじお)さんは、その心を『天才バカボン』で、「これでいいのだ!」と、現代人にもわかるように伝えているのではないかと思えてなりません。

「バカボン」という名前は、お釈迦さまを尊敬していう古いインドの言葉「バガバッド(世尊(せそん))」からとったものだともいわれていますから。

粕と糠

「粕」という字のもともとの意味は、醗酵した酒をしぼってこしたあとに残るかす、つまり酒の粕のことでした。

それが日本に伝わり、いつしか「良いところを取り去った残りのもの。役に立たないだめなもの」という意味になりました。

「糠」という字は、米をついて白く精米したときにけずり落とされてしまう、芽となって成長する部分「胚芽」と外がわをつつむ「皮の粉」という意味で、米ヘンに健康の康の字がついています。つまり、糠は、康と同じ仲間の言葉です。

すると、胚芽と糠のある「玄米は健康のもと」であり、精米をしたあとの「白米はカス」ということになるのでしょう。

私の母は、四十年以上「玄米自然食」を研究して、九十八歳まで健康に生きました。そして、よくこの「糠」の字の話をしていました。

また、お念仏の仲間の人たちや、学生寮に住んでいた学生たちに、

「欧米人の腸にくらべて日本人の腸は長いので、体の害になる毒素がたまりやすい肉食は日本人には合いません。野菜中心の食事にするように」

とすすめていました。そして、

「食品添加物には、発がん性物質があります」

と、肉食にかたよった食事と食品添加物に気をつけて、健康に良い発酵食品と毒素を体の外へ出すはたらきのある玄米食をすすめていました。

お釈迦(しゃか)さまの「生きものを殺さない」教えに見習って、お念仏とともに健康であることも子や孫に伝えてゆきたいものです。

アクセルのない車

ブレーキとアクセルの踏みまちがえによる交通事故があとをたちません。

被害を受けた人はもとより、被害を与えた人の人生も狂わせる悲しい出来事です。事故の原因は、危険な場面に思いがけなくであうと、人間のくせとして無意識のうちに足を踏んばるので、ペダルを踏みかえる余裕がないからだそうです。

そこで、困っている人の役に立つ発明の好きな熊本県の鉄工所の高齢の社長さんが、二十五年かけて「ブレーキペダル一つ」の車を考え、二〇一二年に発表しました。

エレクトーンで音を変えるときに、右足先を少し外側にずらすだけで変わることにヒントを得て、アクセルは、ブレーキの横につけました。ペダルを踏みかえることがないので、危険を感じてから止まる距離も縮めることができ、事故を減らすことが期待できるといいます。

大きな自動車会社は、「車のペダルは二つが世界の常識」と、この車がひろくゆきわたることに疑問をいだいています。ところが、東京のあるタクシー会社の経営者は、「運転手がためしに乗ってみたところ、走ることにまったく問題ない」ということで、この「ブレーキペダル一つ」の車を使うことにきめました。二つの機能を二つの操作に分けるという、これまでの常識を破り、二つを一つにして見事に成功しました。

まよいは、「もとは一つのものを二つに分けてみる見方」からおこります。さとりは、「二つのままで一つと見る見方」です。自分が勝手に思いかためた思いにしばられなくなると、人間社会のただ中で自由な境地を味わうことができます。そこから、あらゆる苦しみ、なやみにしばられなくなります。

「二つのままで一つ」と見る目を、坐禅をしたり念仏をとなえ、やしなっていきたいものですね。

東日本大震災

東日本大震災による被害の大きかった、岩手・宮城・福島の三県では、一〇四五か所の保育所で保育中の園児の犠牲者は、ひとりもなかったそうです。

津波を予想した日頃の避難(ひなん)訓練と、とっさに高台への避難に切り替えた保育士の適切な機転(きてん)が効果をそうしたといわれています。

いまだかつてなかった大災害は、心いたむ悲しい出来事ではありましたが、悲しいなかにも「おもいやり」「たすけあい」「きずな」など、忘れかけていた日本精神のよさが見直され、世界の国々からも高く評価されるきっかけとなりました。これは、聖徳太子(しょうとくたいし)が示された「和の精神」が、日本人の心として根づいていたからではないでしょうか。

また、東日本大震災のあとで、考えても見なかったこと「想定外」という言葉をよく耳にしました。歴史的に見れば、一千年以上前の平安時代に、今回とほぼ同じ規模の大地震があり、同じような津波が押し寄せ、三陸(さんりく)海岸に大規模な被害をもたらしたことが知られています。一部の専門家は、同じことが近いうちにふたたびおこることをみんなに知らせようとしていました。

そればかりではありません。お釈迦さまの、すべてのものはつねに移り変わる「諸行無常」の教えからすれば、親鸞さまが手紙に書かれているように、「いまさら驚きを覚えるのではなく」、すべてが仏さまの教えの「想定内」のことです。

どのような状況にも、永遠にこわれない原子力発電所（原発）などありません。こわれる原発ということをいつも考えて、その上に立って、「はたしてどの程度安全であるか」、「こわれるとすれば、被害を最小限にとどめるにはどのようにすればよいか」を、考えておく必要があります。

お釈迦さまの教えを、いつも心に深くきざんでおきたいものです。そして原発が、放射能の危険のない再生可能自然エネルギーに変わる日を待ち望みましょう。

あずかりもの

あずかりもの

お釈迦さまは、「もったいない」ということを、次のように説かれています。

「一つとして、『わがもの』というものはない。すべてはみな、ただ大きなはたらきによって自分にきたものであり、しばらくあずかっているだけのことである。だから、一つのものでもたいせつにして粗末にしてはならない」

アーナンダ（阿難）が、ウダヤナ王の妃シャマヴァティーから五百着の衣をこころよくもらい受けました。王さまはこれを聞いて、アーナンダがむさぼりの心からもらったのではないかと疑いました。王さまは、アーナンダを訪ねて聞きました。

「あなたは、五百着の衣を一度にもらい受けてどうしますか?」

「大王よ、多くのお坊さんは破れた衣を着ているので、彼らにこの衣を分けてあげます」

「それでは、破れた衣はどうしますか?」

「破れた衣で敷布（シーツ）をつくります」

「古い敷布は?」

「枕の袋に」

「古い枕の袋は？」

「床の敷物に使います」

「古い敷物は？」

「足ふきをつくります」

「古い足ふきは、どうしますか？」

「雑巾にします」

「古い雑巾は？」

「大王よ、私どもは、その雑巾をこなごなにさいて、泥と混ぜ合わせて、家をつくるとき壁の中に入れます」


ものはたいせつに使わなければならない。生かして使わなければならない。これが自分だけのもの、「わがもの」ではない、あずかりものの用い方ということです。このお釈迦さまの教えについては、『仏教聖典』（仏教伝道協会）を参考にしました。

日本にはリサイクル運動・リサイクル製品があるように、お釈迦さまの教えが生活に根づいているといえるのではないでしょうか。

ぜんざいの話

言葉は生きものです。変幻自在なところがあります。

「ぜんざい」という、甘いものが大好きな人にはたまらない食べものがあります。あずきのツブツブがあって、白玉やもちが入っているのは関西風。白玉やもちにつぶあんをかけて、汁が少ないのが関東風。つぶが粉状になれば「しるこ」です。

言葉のおこりのひとつの説は、出雲地方（島根県）がおこりの「神在もち」。「じんざい」が「ずんざい」になり、さらに京都の言葉で「ぜんざい」になったとか。

もうひとつは、中国から伝わってきた説。中国の三つの国が戦った歴史の本、『三国志』で有名な関羽という武士の大将が名づけた食べものだといわれています。

さらにもうひとつ、お釈迦さまが弟子をほめるとき「善哉（よきかな）」といわれます。「よい」「すばらしい」という意味で、インドでは今でも、家を出て仏さまの教えの道をゆく出家者を「サドゥ（よき人）」と呼んでいます。

「ナムアミダブツ」と私の口から出る念仏は、そのままたくさんの仏さまが、念仏者をほめたたえている言葉です。念仏をとなえ、仏さまから「よきかな」とほめられるか、ぜんざいを食べて「すばらしい」と思うか。どうも人間は、食欲という欲望がとことん強いらしい。あまりのおいしさに、「ぜんざい（善哉）」と叫んだというわけです。

共命鳥

インドのヒマラヤ山に、体が一つで頭が二つの鳥がすんでいました。その体の形から、共命鳥とよばれていました。

共命鳥の片ほうの頭は、いつもおいしい果実を食べ、ひたすらいのちの安全と肉体の健康に注意をはらっていました。もう一つの頭は、おいしい果実がほしかったけれど手に入れることができず、ついに人をうらやましく思う心をおこして考えました。

「あいつはいつもおいしい果実を食べているのに、おれは食べたことがない。よし、あいつを苦しめてやろう」と、こっそりエサに毒をまぜて片方に食べさせました。

相手の苦しむ顔を見ながらほくそえんだ瞬間、自分も苦しくなってきて、ついに両ほうとも死んでしまいました。

この話は「共命鳥」というお釈迦さまの話です。表面的に理解すると一見ショッキングな結末になっていますが、中味は悪いお手本のお話で、深いたとえとなっていて、尊い因縁を説いています。

ひとつは、「共命鳥」とよばれていることです。共有している命であることを忘れ、自分ひとりの命と思いあやまって、頭で勝手に自分だけの狭い考えにとらわれて「自分だけに都合のよいことをすると破滅してしまう」という表現になっています。本来の共命鳥は、体がひとつ、共なる命に生きているという象徴です。ひとつの命を共有している。そのことから「共に生き・共に栄える精神が大事」と教えられています。

もうひとつは、「煩悩である嫉妬心が生じて、いかり・ねたみ・にくしみのこころが根っこにあるからだよ」としめして、「相手を思いやる利他のこころがもっとも大事だよ」と教えられています。〈あなた良ければ私も良し〉、〈あなたの喜びは私の喜び〉という生き方を説いています。

私たちは、たくさんのまわりの人びとや、動物や植物のいのちに支えられて生きています。「人間だけがよければいい、自分だけがよければいい」という「自分中心的」な考えや思い上がりが、やがてみずからが滅ぶ道につながっていきます。

共命鳥は、私たち人類の平和と、他の生き物と共にあって共に生きることを教えています。まさに現代に警告を与えているように思えてなりません。

金メダルの裏話

二〇〇八年に開催されたアテネオリンピックで、体操王国日本が復活しました。
その後、二〇一六年のリオデジャネイロオリンピックでも、内村航平、白井健三ら体操選手が次々とメダルをとりました。

低迷する日本の体操界を復活させるため、アテネオリンピックの十五年ほど前、当時もっとも強かったロシアを、日本の体操の指導者が訪ねました。そして、

「ロシアがこんなに強くなった理由を教えてください」

と尋ねたところ、

「日本の体操がなぜ強いのか、私たちこそ、選手の強化法を日本から学んだのです。私たちは何も新しいことをしていないのです」

という返事がかえってきたのです。

ロシアの指導者は、ビデオで撮影してきた日本の練習法を分析して、若いころは徹底的に基本だけを教えこみ、見た目に派手な大技を教えていないことに気づいたそうです。

それを聞いた日本の体操の指導者たちは、練習法を根本的に見直して改善し、中学生までは大技を教えず、基本技を徹底的に教えました。そうした成果が、ようやく十五年かかって二〇〇八年のアテネオリンピックで実ったのでした。

目先の成果にとらわれず、地道に基本を継続して練習すること。基本がしっかりしていなければ、せっかくおぼえた大技が生かされなくなってしまいます。

お釈迦（しゃか）さまは、「聞いただけでは、仏の教えを身をもって自分のものにすることはできない。仏の教えは行なうものである」といわれました。

仏の教えを聞くことはたいせつですが、念仏をとなえたり坐禅（ざぜん）をしたり、実行することが基本だということを忘れてはいけませんね。

たれが風を見たでしょう

たれが風を　見たでしょう
ぼくもあなたも　見やしない
けれど木の葉を　ふるわせて
風は通りぬけていく

たれが風を　見たでしょう
あなたもぼくも　見やしない
けれどこだちが　頭をさげて
風は通りすぎてゆく

この童謡は、大正時代に流行した「風」という歌です。
京都で生まれた母は、この歌を六角堂の前にあった日曜学校で習ったそうで、たいへん気に入っていました。すばらしい宗教的味わいのある歌で、私も気に入っています。

イギリスの女性の詩人、クリスティナ・ロゼッティの詩『Who Has Seen the Wind?（誰が風を見たでしょう？）』を、西條八十（さいじょうやそ）が訳（やく）して詩をつけたものです。「たれ」は「だれ」の文語的表現です。「こだち」というのは、木がたくさん立っているようすをいいます。

仏さまや神さまといっても、子どもたちになかなかうまく説明できないものです。仏さまというと、仏像を想像して形あるものとして多くの人はとらえてしまいます。

この詩のように「風」として説明すると、形に見えるものではなく「はたらき」であることがわかります。仏さまのことを頭で理解できなくても、「気づくこと」「目ざめること」として感じる世界があるように思います。

休養

「休養」という言葉には、「物やお金でおさめる税を軽くし、人びとの経済力を豊かにする」という意味があります。

経済力がないときに税を重くすると、経済力がますます落ちるという、昔の人の教えではないでしょうか。

二千年ほど前の中国の漢(かん)の時代の歴史書、『漢書(かんじょ)』という本のなかに、「国民や兵隊などを休め養う」と出ています。中国では、長い歴史のなかで国がさかんになったり滅びたりしました。日本と違って陸続きですから国境をまもる必要がありました。軍事費のために税金や国民の労働力が使われたので、このような言葉が生まれたのでしょう。

「休養」という言葉の、もう一つの意味は、「心と体を休めること」。ストレス社会といわれる現代、温泉ブームで日本中に体を休める施設がたくさんできました。心も一時的には休まるでしょう。

一九六〇年、日本の高度成長期、サラリーマンはがむしゃらに働いていました。松下電気器具製作所（現パナソニック）をつくった松下幸之助さんは、そのころ、「これからの時代、仕事の成績をあげるためには週休二日制が必要だ」と提案しました。「一日は休養に、一日は教養に」と。

五年後に実施された当初は、社員たちは休みが増えることに不安を感じていましたが、仕事は逆にはかどり、設備の自動化もあって生産性はたいへんよくなったそうです。完全週休二日制は、銀行などでは一九八九年から、学校では二〇〇二年から実施されました。

現在、松下幸之助さんの「一日は教養の日に」という願いは、かなえられているでしょうか？

父、桜井鎔俊は、「週休二日になったら、その休日をどう過ごすのか」と、将来の日本を心配していました。また、

「般若という言葉をわかりやすくいえば、ゆとりということです。仏教のさとりとは、ゆとりのことです」

といいました。ストレスの多い毎日のなかにあっても、念仏をとなえながら、ゆとりのあるほがらかな毎日を過ごしたいものです。

卒業

「卒業」というと、「終わり」と思う人が多いようです。

ところが、ドイツ語では、アプガング（abgang）といって、「卒業」のほかに「出発」という意味があります。スイスに近い南ドイツのフライブルク大学にいたときに、たまたま辞書を引いていて知りました。

英語では、グラデュエイション（graduation）といいますが、英語のグラデュエイションは、ラテン語のグラディ（gradi）、「歩む」「足を踏み出す」「行く」という意味の言葉とか、グラデュス（gradus）「段階」という意味の単語と、同じ仲間の言葉にあたります。程度が高いことを「グレードが高い」といいますが、この「グレード（grade）」も「段階」「程度」という意味で、同じ仲間になります。

すぐれた人の話を聞くと、「もうこれでいい」ということはないようです。目標を達成すると、そこがいつも次のスタート地点になっています。一生現役です。ですから、グラデュエイション（graduation）にも、やはり出発という意味があるといえるでしょう。

私は、大学を卒業したあと二十四年間、中村元（なかむらはじめ）先生に教えていただきました。中村先生は、「生涯（しょうがい）学習」をめざして、ほんとうに学びたい人が自由に学べる塾のような東方学院を建てられ、長年の信念を実現されました。高齢の方も、たくさん学びに来ていました。そして、中村先生ご自身が、八十六歳でご往生されるまで日々学んでおられました。

私の車で先生のご自宅から研究所まで送迎をしていたとき、「先生のご趣味は何ですか？」とたずねたら、「勉強です」と答えられました。講義の会場でも話されたことがあります。私にはとてもまねはできませんが、せめて「勉強ぎらい」だけは直したいと思いました。

仏教においても、仏さまの教えに目ざめたら卒業ではありません。到達したと思える地点が、いつもスタート地点に立ちかえる出発地点です。

あとがき

日本の教育レベルの高さの源は、江戸時代の読み・書き・そろばんの「寺子屋制度」と、教育にあたった僧侶・医師・儒学者たちの人格による薫陶にあったといわれています。さかのぼれば中世の寺院でおこなわれた宗教教育が根っこにあり、それは「知識と心」の両面の教育でした。

現在の学校教育では、宗教を教育に持ち込む危険性を恐れるあまりか、「寛容な態度」を育てる宗教情操教育は制限されているようで、いきおい知識教育にかたよってしまっています。それだけに、心の豊かさを育む教育が求められています。

ここに掲載した話は、つぎのような機会に私が話したり書いたりしたものです。

◇真々園の「花まつり」で子どもに話したもの
◇「要藉会（ようせきかい）」（念仏中心の法話・座談会）で話したもの
◇機関誌『真々園だより』のコラムとして書いたもの
◇年四回の会社の講話会でサラリーマンに話したもの

これらはそれぞれ話す相手が異なるので、表現に統一がとれていない点があるかもしれません。今回の発行に当たっては、幅ひろい世代の方々に読んでいただきたいという願いから、子どもさんも読めるように話題や表記にもできるだけ配慮したつもりです。

私の学問の師・中村元先生も信仰の師・桜井鎔俊和上も、「現代の人にわかるように、仏教をわかりやすい言葉で表現する」ことに尽力されました。

善財童子（ぜんざいどうじ）が求道の旅に出てさまざまな職業の人たちから教えを受けたように、日常の生活のなかに仏さまの教えがあることを感じとっていただける一助になればと思います。

そして、仏さまの教えにわが身を照らすことによって、「自分さえよければ」という思いのわが身を振り返り、あたたかい心で、心豊かな生活、思いやりあふれる社会になることを願いたいものです。

真々園園主として、創立七十周年の記念の年にこの本を発行できたことは、この上ない喜びです。発行にあたり、法藏館の戸城三千代様、編集担当の満田みすず様に多大なお力添えをいただきました。心より御礼申し上げます。

二〇一七年三月

桜井俊彦

桜井　俊彦（さくらい　としひこ）

1951年、石川県中能登町明泉寺に生まれる。

國學院大学文学部卒業後、東方学院研究会員として24年間学院長中村元博士の指導を受ける。

1992年、東京仏教学院本科修了。

2008年、宗教法人真々園園主に就任し、現在に至る。

月刊誌『真仏教』（真仏教協会）の編集を経て、現在、機関誌『真々園だより』の編集発行人。

著書など
『心に響く３分間法話　やさしい仏教の話』（2023，法藏館）
『心に響く３分間法話　やわらか子ども法話』（2017，法藏館）、英語版電子書籍“Gentle budhhist stories for children: Little life lessons that will resonate in their hearts”（2023）もAmazonから販売中。
『インド仏跡ガイド』（2014，法藏館）
「よき同朋とともに、ひたすら「南無阿弥陀仏」六十周年を迎えた「真々園」」（2008，『現代宗教評論』第２号、たちばな出版）。
その他、『真々園だより』に掲載稿多数。

心に響く3分間法話
やわらか子ども法話

二〇一七年五月二〇日　初版第一刷発行
二〇二四年七月二〇日　初版第二刷発行

著　者　桜井俊彦
発行者　西村明高
発行所　株式会社　法藏館
京都市下京区正面通烏丸東入
郵便番号　六〇〇-八一五三
電話　〇七五-三四三-〇〇三〇（編集）
〇七五-三四三-五六五六（営業）

装幀　井上二三夫
印刷　立生株式会社　製本　清水製本所

©T. Sakurai 2017 *Printed in Japan*
ISBN 978-4-8318-8978-2 C0015
乱丁・落丁の場合はお取り替え致します

インド仏跡ガイド　桜井俊彦著　一、八〇〇円

新装版　教行信証を読む　桜井鎔俊著　二、三〇〇円

◇心に響く3分間法話シリーズ

神も仏も同じ心で拝みますか　譲　西賢著　一、〇〇〇円

老いて出会うありがたさ　圓日成道著　一、〇〇〇円

子どもに聞かせたい法話　仏の子を育てる会編　一、〇〇〇円

やさしい仏教の話　桜井俊彦著　一、〇〇〇円

法藏館　価格税別